© 2012 Verlag Heiderose Fischer-Nagel,
Brunnenstraße 7, D-34286 Spangenberg
Tel.: 05663-280, Fax: 05663-6562
E-Mail: fischer-nagel@t-online.de, URL: www.fischer-nagel.de
Alle Rechte, auch die der Bearbeitung oder auszugsweisen Vervielfältigung
gleich durch welche Medien, vorbehalten.
Fotos Seite 2/3, 4, 5, 8, 11, 12, 13, 14, 15, 16, 17, 18,19, 20, 21, 22, 23, 24 u.l., o.r., 25 u.l.,
28, 30, 31, 35 o.l., o.r., u.r., 38, 39, 40, 41, 42, 43, 44, 45 : www.fotofeeling.de;
alle übrigen Fotos und Layout: Andreas Fischer-Nagel
Gesetzt in der Helvetica 14 Punkt
Druck: Printing Partners OU, Riga, Latvia

ISBN 978-3-930038-31-2

Heiderose und Andreas Fischer-Nagel

Katzenkinder

Verlag Heiderose Fischer-Nagel

Wenn du Katzen so sehr liebst wie wir, entdeckst du sie fast überall auf der Welt. Sie stromern durch Dörfer und Städte, faulenzen in der Sonne und strahlen dabei so viel Ruhe und Gemütlichkeit aus wie kaum ein anderes Tier. Ihr Schnurren beruhigt dich, wenn du traurig oder einfach müde bist, und ihre lustigen Sprünge nach lästigen Fliegen und wackelnden Grashalmen oder Blättern bringen dich immer wieder zum Lachen. Kaum etwas ist so niedlich wie kleine Katzenkinder.

Unsere Hauskatzen stammen von den nordafrikanischen Falbkatzen ab und haben im Leben der Menschheit ganz unterschiedliche Bedeutung erlangt. Im alten Ägypten galten Katzen als heilig, denn sie sorgten dafür, dass sich die Mäuse in den Kornspeichern der Menschen nicht zu sehr vermehrten und ihnen ihre kostbare Ernte stahlen. Sie verehrten Katzen so sehr, dass sie eine Göttin in Katzengestalt hatten, die »Bastet« hieß.

In jener Zeit, nämlich vor 5000 bis 6000 Jahren, gewöhnten sich die Katzen an den Menschen und gelangten irgendwann mit den Reisenden in viele Teile der Welt.

Bei den Germanen zogen zwei riesige Katzen den Wagen der Göttin Freya und wenn sie damit über den Gewitterhimmel fuhr, hieß es, dass man das Glühen der Katzenaugen sehen konnte. Ähnlich wie die ägyptische Katzengöttin Bastet galten die Katze bei den Germanen als Symbol für Kinderreichtum, Ehe und Fruchtbarkeit.

Katzen haben bei uns jedoch nicht immer Schönes erlebt, sondern wurden als Gefährtinnen des Bösen, als Begleiterinnen der Hexen und Zauberer von abergläubischen Menschen verfolgt, gequält und dabei fast ausgerottet. Dies ist zum Glück schon lange her.

Nach und nach entstanden bei der Vermehrung der Katzen unterschiedliche Rassen, sodass wir heute lang- und kurzhaarige Katzen in zahlreichen Farben unterscheiden.

Nicht so verschmust, anhänglich und menschenbezogen wie unsere Hauskatzen sind ihre wilden Verwandten, von denen du in unserem Buch einige kennen lernen wirst.
Katzen sind Raubtiere. Sehen sie auch noch so unterschiedlich aus, gleichen sie sich dennoch in ihrer Lebensweise, ihrer Gestalt, ihren Bedürfnissen und ihren Sinnesleistungen.

7

Kätzin und Kater

Das ist unsere Katze Micki. Weil sie rot getigertes Fell hat, denken viele Leute, dass sie ein Kater ist. Doch schau, wie schmal ihr Kopf ist! Viel zu schmal für einen Kater.

Micki ist anhänglich und fast immer in unserer Nähe. Nur wenn sie auf Katersuche ist, um sich zu paaren, ist sie nächtelang unterwegs. Dass sie »rollig« ist, bemerken wir sofort. Laut mauend und gurrend läuft unsere sonst so friedliche Katze im Haus herum, rollt sich auf dem Rücken hin und her und stampft aufgeregt mit den Vorderpfötchen. Dabei reckt

8

sie ihr Hinterteil in die Höhe. Wenn ich darüber streichele, guckt sie sich aufgeregt um und denkt, ich wäre ein Kater. So ist das zwei- bis dreimal im Jahr. In der Nacht streichen tatsächlich mehrere stattliche Kater um unser Haus. Sie miauen laut und »schreien« nach Micki, jeder mit anderen Tönen. Die Leute sprechen deshalb von »Katzenmusik«, wenn die Katzen rollig sind und die Kater lautstark um sie werben.

Einer dieser Kater ist Sam. Siehst du seinen dicken Katerkopf? Er ist viel breiter als Mickis. Überhaupt ist er größer und kräftiger als sie. Micki hält mit ihm Hochzeit.

Katzenbabys

Nach ungefähr acht Wochen verkrümelt sich Micki im Schrank, dann hinter dem Sofa und schließlich in ihrer kuscheligen Katzenhöhle. Sie stampft mit ihren Vorderpfoten ein Lager auf dem Kissen, dreht sich mehrmals im Kreis, leckt aufgeregt ihre Geschlechtsöffnung und atmet stoßweise. Sie hechelt vor Anstrengung, weil die Kätzchen kommen. Ganz leise beobachten wir die Geburt: Zuerst sehen wir kurz die Fruchtblase. Darin hat das Kätzchen im Bauch von Micki bis jetzt gut geschützt gelebt.

Als die Fruchtblase aufreißt, leckt Micki ihr Junges trocken. Es atmet, sobald die Reste der Fruchtblase von seinen

Nasenlöchern abge-
leckt sind. Wir sehen es
besser, als Micki die
Nabelschnur durchbeißt
und es zu ihren Zitzen
schiebt. Das Kleine trinkt
sofort. Wärme und Nah-
rung ist das Wichtigste.
Inzwischen kommt das
nächste Junge auf die
Welt. Neugeborene Kat-
zen sind blind und taub.
Erst nach zehn Tagen
öffnen sie ihre Augen
und Ohren. Zunächst
sind die Augen noch
blau. Erst nach Tagen
verbessert sich das Sehvermögen und
die Augen färben um. Doch sieh nur die

winzigen Krallen an! Erst später können
sie sie, je nach Notwendigkeit, einfahren
oder ausstrecken.

11

Katzenspiele

Jetzt geht es aber los! Mickis Kinder spielen für ihr Leben gern.
„Ich fahre mit der Eisenbahn!", scheint Karo zu rufen. Es macht so viel Spaß, in etwas hineinzuklettern und sich zu verstecken. Tiger hat einen kleinen Korkkorb gefunden. „Das ist mein Haus, aber vielleicht ist dein Spielzeug ja schöner!"
Wie du sehen kannst, macht manches

zu zweit noch viel mehr Spaß.
„Ob ich uns ins Rollen bringen kann?", fragt sich Karo und versucht dem Anhänger mit der winzigen Pfote einen Schubs zu geben. Mit Tigers Hilfe ginge es sicher leichter.
Micki passt auf, dass die beiden nicht zu viel Schabernack treiben. Doch keine Sorge, bald sind sie müde und hungrig.

Inzwischen sind die Holzwagen langweilig. Die beiden Katzenkinder durchstöbern das Zimmer.
„Was ist das? Ob man sich darin verstecken kann?" Neugierig verschwinden erst Karo und dann Tiger in der Jeans. Es ist warm, dunkel und spannend wie eine Höhle.
„Kuckuck! Wo bin ich?"
Weißt du noch, dass man als Kind manchmal denkt, man wäre weg, wenn man sich nur die Augen zuhält? Nur manchmal erinnern wir uns so weit zurück. Aber sich zu verstecken, das macht allen Spaß. Doch Mama Nicki weiß

immer genau, wo Karo und Tiger sind. Schließlich lugen sie ab und zu aus dem Versteck und wollen nichts verpassen. Längst hat Micki sich in ihre Nähe gelegt. Mit ihrer Pfote tappt sie auf die Hose und Karo kommt erstaunt hervor: „Wie hast du mich so schnell gefunden, Mama? Ich hatte mich doch so gut versteckt!"

Frische Luft

Was für eine Aufregung!
„Die Menschen nehmen unser Körbchen und tragen uns irgendwo hin. Auf einmal ist es ganz hell, es riecht anders und wir hören viele seltsame Stimmen. Im Haus war uns alles vertraut. Wir kannten jeden Winkel und rannten über Tisch und Sofa, schleuderten auf dem Boden entlang und fühlten uns sicher.
Aber jetzt?"
Vorsichtig lugt Karo aus dem Körbchen. Sie ist besonders mutig und vor allem unwahrscheinlich neugierig. Vom Körbchenrand aus betrachtet sie die neue Welt, während Micki sich schon einmal einen Platz ausgesucht hat, von dem aus sie ihre Jungen beaufsichtigen kann. Aufmerksam schaut sie sich um. Droht Gefahr? Nein, alles ist ruhig.
Karos Neugier ist auf jeden Fall größer als die Angst. Sie springt aus dem Körbchen, fühlt das feuchte Gras mit ihren

Beutemachen. Aber soweit ist es noch nicht. Es sind die ersten Schritte in der Natur. Sollte Gefahr drohen, würde Micki sie sofort in Sicherheit bringen. Mit ihren Zähnen packt sie dann ihr Junges im Genick und trägt es in ein Versteck. Keine Angst, das Kleine wird nicht verletzt! Es hängt in der sogenannten »Tragstarre« im Maul der Mutter und ist nahezu bewegungslos. Würde die Mutter nicht sofort zur Stelle sein, würde sich das Katzenkind ducken oder in allergrößter Not sein Fell sträuben und einen Katzenbuckel machen. Dann ist selbst so ein Winzling ein kleines Stück größer und vielleicht für andere ein wenig furchteinflößend.

Pfoten und beschnuppert es interessiert. Hier gibt es Käfer, Ameisen, Schmetterlinge und Schnecken. So vieles bewegt sich und so viele Geräusche sind völlig neu. Vögel zwitschern und der Wind rauscht in den Blättern.
Kleine Katzen müssen in den ersten Lebenswochen eine Menge von ihrer Mutter lernen, z.B. das Anschleichen und das

Katzenwäsche

„Endlich! Die Menschen haben das Spielzeug in den Garten gebracht. Das kennen wir. Es rollt zwar hier draußen nicht, aber wir können einsteigen und spielen. Mit den Hinterpfoten betrampeln wir die Gegenstände. Ab und zu müssen wir mal schauen, was sich da sonst so in unserer neuen Welt abspielt. Das macht müde und hungrig, aber von allein würden wir nicht auf die Idee kommen, wieder ins Körbchen zu krabbeln.

Warum muss Mama uns ausgerechnet jetzt rufen, wo es doch gerade so lustig und spannend ist?"

Micki läuft mauend herum. Mit einem tiefen, gurrenden Laut lockt sie ihre beiden Jungen herbei. Mehrmals am Tag ist die Katzenwäsche angesagt. Katzenmütter sind dabei sehr sauber und sorgfältig. Schon gleich nach der Geburt hat Micki das Lager sauber gehalten und Kot und Urin der Kleinen aufgeleckt. Sie hat ihnen gezeigt, dass sie auf ein Katzenclo geht. Bald vergraben Karo und Tiger wie alle Katzen ihren Kot. Regelmäßig putzt die Mutter sie auch hier draußen, glättet ihr Fell und säubert es vom Kopf bis zur Schwanzspitze mit ihrer rauen Zunge.

„Ich will das nicht!", jammert Karo und tappt ganz frech mit der kleinen Pfote nach Micki.

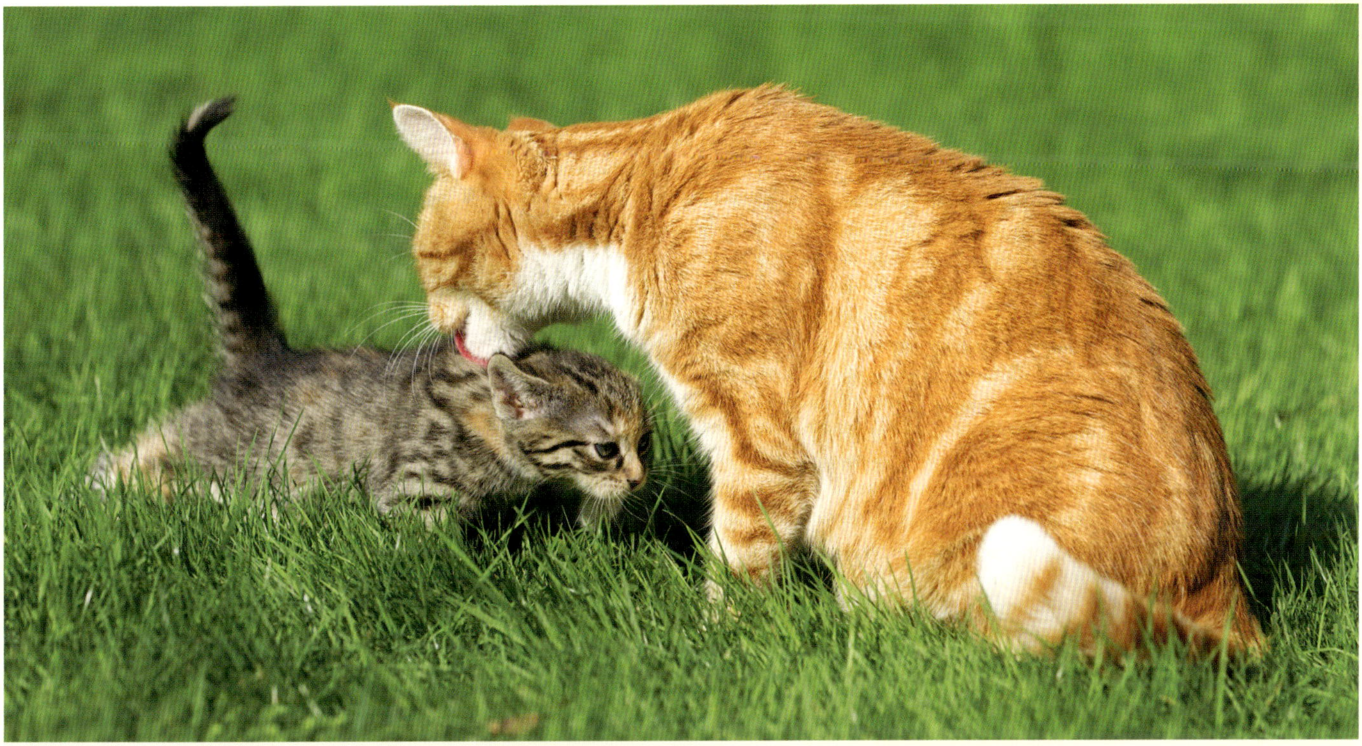

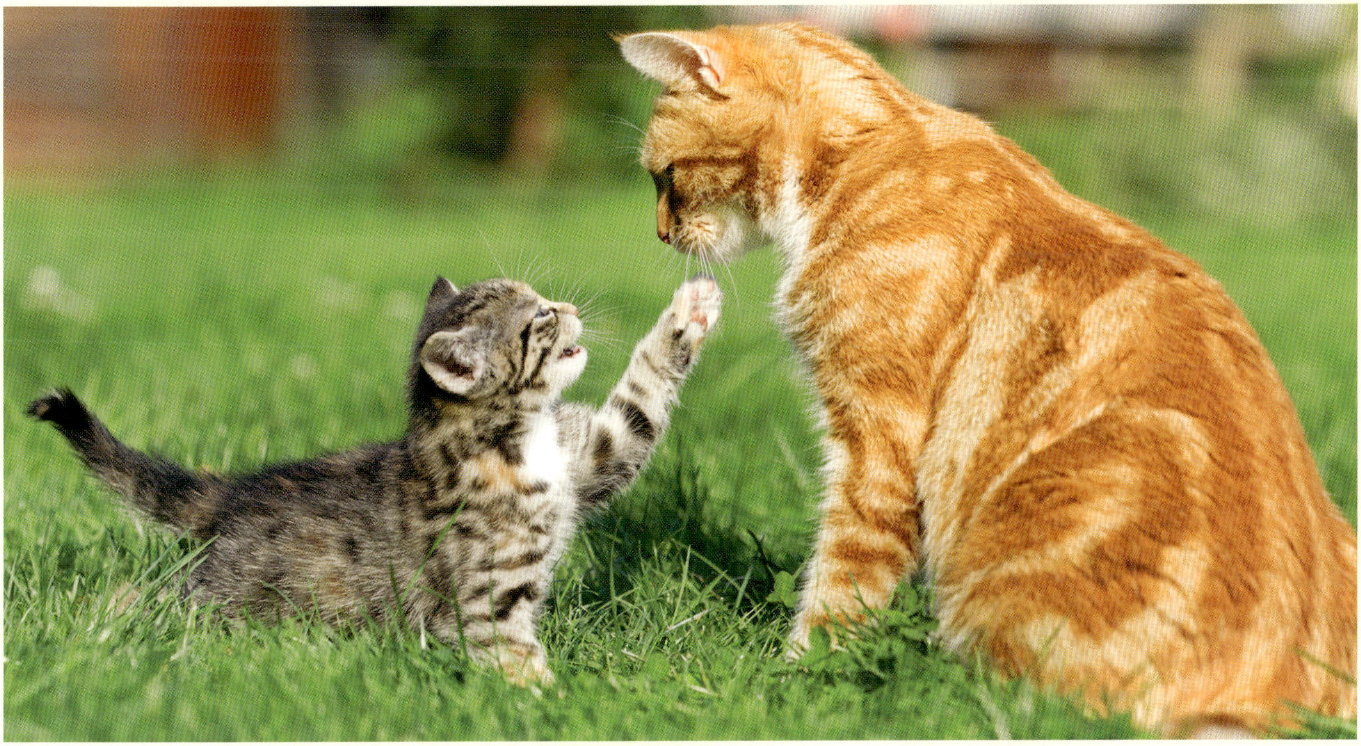

Katzenschule

Tagelang haben Karo und Tiger ihre Mutter bei der Jagd beobachtet.
„Das sieht doch gar nicht schwer aus", denkt Tiger eines Tages und stapft kampfbereit durch das Gras. „Oben auf den Bäumen flattert so viel »Futter« herum, man muss doch nur zupacken."

Aber »denkste«, so leicht lässt sich ein Vogel gar nicht fangen. Längst hat er den Jäger von oben gesehen und »schreit« Alarm. Es gibt Vögel, die es in der Brutzeit wagen, sogar eine Katze anzugreifen. Im Sturzflug fliegen sie an ihren Feind heran und schaffen es auf diese Weise, die Katze weiter von ihrem Nest fortzulocken. Das ist ganz schön mutig von den Vögeln, findest du nicht auch?

Es gibt übrigens viele andere Tiere, die sich ebenfalls für ihre Jungen opfern würden. In der Natur ist es manchmal wichtiger, dass die Jungen überleben. Das geht natürlich nur, wenn die Jungen bereits ein Alter erreicht haben, in dem sie sich selbst versorgen können.

Karo und Tiger wären noch nicht selbstständig genug. Sie werden zwar von uns schon gefüttert und fressen und trinken allein, dennoch werden sie zusätzlich mehrmals von ihrer Mutter gesäugt. Sie hätten noch nicht genug »Jagderfolg«. Erst mit acht Wochen sind sie alt und geschickt genug, um ohne ihre Mutter auszukommen.
Solltest du dir mal ein Kätzchen anschaffen, achte darauf, dass es nicht zu früh von seiner Mutter getrennt wird.

Jeden Tag verbringen die Katzenkinder viele Stunden im Garten. Wir sind froh, dass wir weit ab von einer großen Straße wohnen und nicht ständig auf sie aufpassen müssen.

In vielen Büchern kannst du lesen, dass Katzen »Einzelgänger« sind. Dies trifft sicher auf die vielen Katzenverwandten zu, die nicht in der Obhut des Menschen leben. Wir aber kennen viele Menschen, die mehrere Katzen halten und sehr viel Spaß mit ihnen haben. Die Katzen spielen und fressen miteinander, sie haben sogar gemeinsame Ruheplätze und pflegen gegenseitig ihr Fell. Wenn du mal nicht da bist, sind sie nicht ganz alleine und haben einen Spielgefährten. Sicher ist es richtig, dass sich einzeln gehaltene Katzen noch enger an den Menschen binden.

Katzen sind sehr angenehme Haustiere und eigentlich recht bescheiden. Sie müssen regelmäßig gefüttert werden und benötigen auf jeden Fall eine Katzentoi-

lette im Haus, auch wenn sie Freigänger sind. Ein Garten ist natürlich traumhaft und bietet der Katze die Möglichkeit, all ihre natürlichen Bedürfnisse zu stillen. Wer jedoch nur eine Wohnungskatze halten kann, der baut ihr bestimmt einen wundervollen Kletter- und Kratzbaum, bietet ihr Körbe als Versteckmöglichkeiten sowie Spielzeug. Er wird liebevoll den Balkon mit einem Netz sichern, um dem Stubentiger ein wenig Freiheit zu bieten. Auf jeden Fall sollte eine Katze regelmäßig geimpft werden.

Langhaarige Katzen benötigen eine regelmäßige Fellpflege und sind deshalb nur für Menschen mit ganz viel Zeit geeignet. Und noch etwas ist heutzutage wichtig:

Katzen vermehren sich mehrmals im Jahr. Da es schon sehr viele Katzen gibt und viel zu viele im Tierheim landen, sollte ein verantwortungsvoller Katzenbesitzer sein Tier unbedingt kastrieren lassen.

Im Jagdfieber

Jetzt schau dir diesen frechen Vogel an! Fliegt hoch in den Baum und ist in Sicherheit. Diesmal hat das Katzenkind das Nachsehen. Jagen will geübt sein.

Das Mäusefangen ist Katzen übrigens angeboren. Nur den Umgang mit der Beute, wie man sie stundenlang belauert und packt, lernen die Jungen von der Mutter. Ihre Aufregung kannst du ihnen dabei deutlich ansehen. Besonders junge Katzen scheinen dabei zu »sprechen«. Mit den Augen fixieren sie die Beute und ihr Maul zuckt aufgeregt. Kleine Meckergeräusche sind von ihnen zu hören, ehe sie zuspringen.

Spaßig ist, sie beim Klettern zu beobachten. Blitzschnell rennen sie den Stamm ein kleines Stück hinauf und schaffen es bis ins Geäst. Das sieht zunächst noch gar nicht so elegant aus. Ganz oft bleiben sie irgendwo hängen und plumpsen hinunter. Schau dir mal diese an! Die hängt in der Astgabel und kommt weder vor noch zurück. Wie gut, dass wir ihr helfen.

Eine ausgewachsene Katze dagegen klettert geschmeidig im Geäst der Bäume herum, sie hat gelernt zu balancieren. Sie kann auch weit springen. Zur Steuerung benutzt sie dabei ihren Schwanz. Übung macht den Meister!

Viele Menschen schimpfen, wenn die Katzen Vögel fangen. Aber wie viele Vögel fangen sie tatsächlich? Sie erbeuten im Garten ebenso viele Mäuse und werden dafür gelobt. Manchmal möchte uns unsere Katze etwas von der Beute abgeben und legt uns Teile davon vor die Tür.

Wie gruselig — aber sie hat es ja nur gut gemeint.

In der Stadt fällt es besonders auf, wenn die Katzen im Garten räubern. Aber wie soll eine Katze wissen, dass das verboten ist? Sie ist ein Jägerin, ein Raubtier, wie Tiger und Leopard, Löwe oder Luchs.

Was hast du für tolle Augen?

Hast du einer Katze schon einmal ins Gesicht geschaut?
Besonders faszinierend sind ihre Augen, die grün oder gelb funkeln. Sie strahlen im Dunkeln wie das »Katzenauge« in den Rädern deines Fahrrads, das dich nachts im Straßenverkehr sichtbar macht.

Bei Sonnenlicht verengen sich die Pupillen der Katzen zu schmalen Schlitzen und im Dunkeln sind sie rund und weit geöffnet. So kann die Katze auch in der Dämmerung gut sehen und ihre Beute erhaschen.
Aber leuchten Katzenaugen im Dunkeln wirklich selbst?
Nein, innen auf dem Augenhintergrund befindet sich eine besondere Schicht: das *Tapetuum lucidum* - übersetzt der »Leuchtteppich«. Auf dieser Schicht wird das durch die weit geöffnete Pupille einfallende Licht reflektiert - also gespiegelt. Dadurch fällt auf die Sehzellen im Katzenauge dasselbe Licht zweimal und die Katze kann, anders als wir, noch bei viel geringerem Licht Bewegungen oder Umrisse erkennen.
Um bei Nacht besser sehen zu können, besitzen Katzen dreimal so viele Sehzellen, die für das Hell-Dunkelsehen verantwortlich sind, als wir Menschen. Dafür haben sie aber nur ein sehr geringes Farbensehen – sie sehen ihre Welt

schwarz-weiß, aber sehr scharf. Beobachtest du eine Katze bei der Jagd, fällt dir auf, dass sie nicht blinzeln muss. Ohne zu zucken hält sie das Auge offen. Im Gegensatz zu unserem Auge hat ihres nämlich eine zusätzliche »Nickhaut«, die das Auge befeuchtet. Dadurch muss sie nicht blinzeln und kann scheinbar unendlich lange ein Beutetier oder ein Mauseloch im Auge behalten.

Katzenaugen sind sehr groß und direkt nach vorne gerichtet. Sie haben einen großen Blickwinkel (200 bis 220 Grad) und erspähen eine Bewegung viel schneller als wir.

Und was macht die Katze, wenn es wirklich stockfinster ist?
Hören und Fühlen!

Mit allen Sinnen

Nicht nur die Augen, auch die anderen Sinne funktionieren hervorragend. Überall im Gesicht befinden sich Tasthaare: An den Augen, Ohren, an den Backen und der Schnauze. Ihr langer Schnurrbart schützt sie davor, in eine solche Enge zu geraten, aus der sie nicht wieder hinausfinden würde. Das Tasten mit dem Schnurrbart entspricht unserem Tasten mit den Händen, wenn wir sie in einem dunklen Kellergang ausstrecken, um die Wand zu erfühlen. Das gibt uns Sicherheit. Die feinen Härchen der Katze sind so empfindlich, dass sie Erschütterungen, Temperaturen und Luftdruckschwankungen wahrnehmen, die wir überhaupt nicht bemerken. So erklärt es sich auch, dass Tiere unruhig werden, wenn es z.B. ein Gewitter, einen Vulkanausbruch oder sogar ein Erdbeben gibt. Sie fühlen die feinen Schwingungen. Deshalb sagt man manchmal, dass Katzen den berühmten sechsten Sinn haben.

200 Millionen Riechzellen unterstützen die Katze bei der Orientierung. Sie be-

schnuppert ihre Welt und erkennt daran zum Beispiel auch dich oder ihr Zuhause. Ihr Gehör ist sehr empfindlich. Darum liebt sie es, wenn du leise sprichst. Sie erkennt deine Stimme, deine Schritte und hört das Mäuschen im Loch piepsen. Das Innere ihres Ohres wird durch feine Härchen geschützt. Sie halten groben Dreck ab, sodass die Gehörgänge nicht verschmutzen. Dennoch sieht man manchmal Katzen mit schmutzigen und entzündeten Ohren. Sie haben kleine böse Tierchen im Ohr, Milben. Beim Tierarzt gibt es Medikamente dafür.

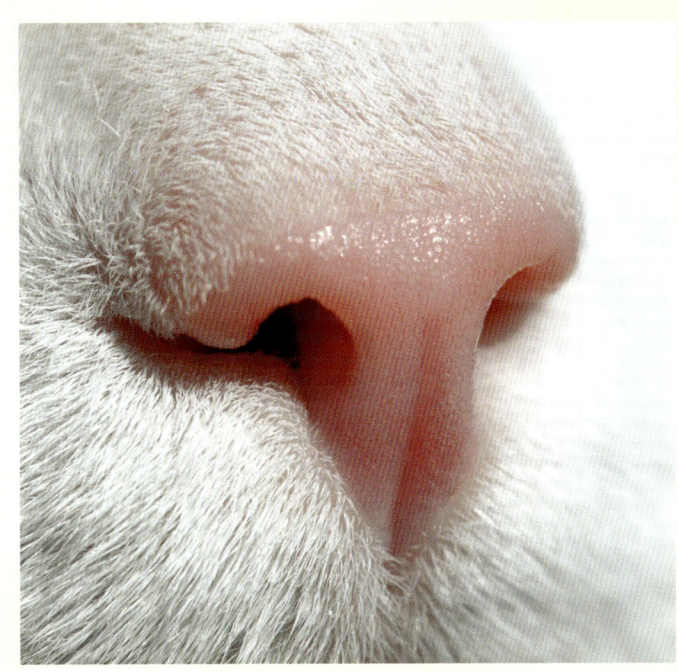

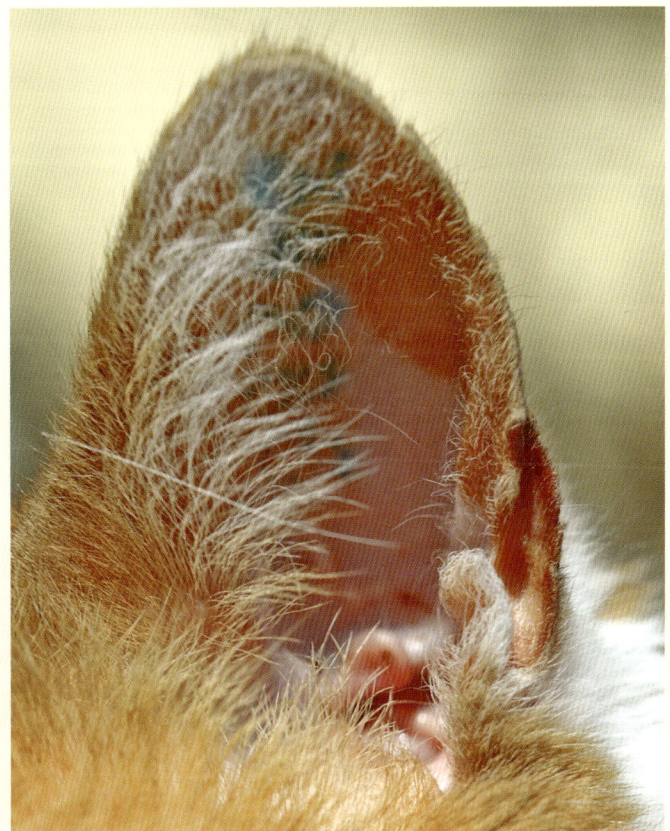

Katzen verstehen

Sie fauchen, schnurren und miauen, schreien, maunzen und brummen – Katzen haben eine vielfältige Sprache. Du hast schon von den nächtlichen Katzenkonzerten der Kater gehört, vom Gurren und Mauen der rolligen Katze und du weißt, wie gemütlich und wunderbar ein Kätzchen schnurren kann. Das macht

sie, wenn sie sich wohlfühlt. Streichelst du ihr dabei mal vorsichtig mit dem Finger über den Kehlkopf, merkst du, wie dieser zittert.

Aber wehe, sie ärgert sich: Dann brummt und knurrt sie drohend vor sich hin. Bei Katern klingen diese Töne gefährlich. Sie werden immer lauter und sind von Gebärden wie dem Katzenbuckel, einem dicken Schwanz und zugekniffenen Augen

begleitet. In ihrer Erregung lassen sie manchmal beim Schreien ihre nadelspitzen Zähne wie zufällig hervorblitzen und ihre Krallen sind stets bereit zuzuschlagen. Verletzungen durch Katzenbisse und -krallen können sehr gefährlich sein. Wenn es nicht so aggressiv zugeht, bemerkst du manchmal den steil aufgestellten Katzenschwanz. Freudig kommt dir die Katze damit entgegen. Ihre Schwanzspitze zittert ein klein wenig, ehe sie

umzugehen. Dabei kann auch eines der Tiere als Kleines später dazugekommen sein. Das kleine, jüngere Tier wird sich dem schon im Hause lebenden in gewisser Weise unterordnen. Wir haben bei uns zu Hause immer sehr viel Spaß und Freude mit Hund und Katze.

dir mit Kopf und Flanke um die Beine streicht, dir einen liebevollen Nasenstüber gibt und zu schnurren beginnt. Gerade diese Schwanzstellung ist es auch, die die Verständigung zwischen Katze und Hund so schwierig macht.
Während der ruhig aufgestellte Schwanz einer Katze freundliche Begrüßung bedeutet, heißt das für den Hund: „Achtung, es könnte ein Feind sein!"
Peitscht dagegen die Katze vor Aufregung mit dem Schwanz hin und her, zeigt das vergleichbare »Wedeln« des Hundes große Freude und wird von der Katze als Bedrohung empfunden.
Nur Katzen und Hunde, die zusammen aufgewachsen sind, lernen miteinander

Eine Katze hat sieben Leben!

Geschmeidig und sicher springen Katzen von Bäumen und Garagen, ohne sich zu verletzen. Es ist dabei erstaunlich, dass sie sogar auf ihren vier Füßen landen, wenn sie irgendwo abrutschen, also nicht gezielt hinunterspringen. In der Luft dreht sich ihr Körper, sodass sie nicht auf den Rücken fallen, sondern immer sicher auf ihren Pfoten landen und die Wucht des Sturzes abfedern.

Immer wieder hört man wundersame Erzählungen von Katzen, die irgendwo verschüttet waren, eingesperrt oder lange Wege zurückgelegt haben. Sie erholen sich schnell von großen Strapazen. Katzen sind geschickt, schnell und intelligent. Ihr Lebenswille ist so stark, dass sie in Situationen überleben, in denen wir keine Hoffnung hätten. Darum sagt man auch, dass eine Katze nicht nur ein, sondern sieben Leben hat.

Beim Schlafen siehst du die Krallen der Katzen gar nicht. Weich und klein, geradezu harmlos erscheint das Katzenpfötchen und kann doch binnen Sekunden zu einer gefährlichen Waffe werden. Wie du schon gehört hast, können kleine Katzen ihre Krallen noch nicht einziehen. Sie lernen es erst, wenn sie größer werden.

32

Und wehe, die Katze fährt irgendwann ihre Krallen aus, um uns zu hacken! Wie kleine Sensen, messerscharf und hart, ritzen sie im Nu Verletzungen in unsere Haut, die schmerzen und bluten. Eine Katze, die von einem anderen Tier angegriffen wird oder von uns nicht hoch genommen werden will, wird sich damit wehren und so lange in unseren Händen winden, bis sie die Krallen einsetzen kann.

Außerdem sind die Krallen beim Klettern wichtig, bohren sich dabei wie Haken in den Untergrund und geben der Katze mehr Halt.

Eine schöner als die andere

Unsere Hauskatzen gibt es in den unterschiedlichsten Fellfarben.

Die dreifarbigen Katzen, wie zum Beispiel unsere Hermine, gelten mancherorts als »Glückskatzen« und fallen uns ebenso auf wie die rotgetigerten oder rot-weißen Katzen.

Die getigerten Exemplare, wie Julius und Kasper hier rechts auf dem Bild, sind da schon schwieriger zu unterscheiden, wobei man eben auch die anderen Merkmale, wie breiterer oder schmalerer Kopf, gelbe oder grüne Augen, dünner oder dicker Schwanz nutzen kann, um sie von Ferne auseinanderzuhalten.

Schwarz-weiße Katzen gibt es ebenfalls

viele, aber jede hat ihr ganz besonderes Muster.

Vielleicht ist mal eine dabei, die riesige Ohren hat, so wie unsere kleine Mieze, die du auf der nächsten Seite unten sehen kannst.

Das Tolle an Katzen ist, dass jede eine eigene Persönlichkeit ist und sich gar nicht so leicht erziehen lässt. Sie zeigt uns trotzdem, wie sehr sie uns mag, auch wenn sie viele Stunden am Tag ihrer eigenen Wege geht. Sie lernt viele Dinge, die wir ihr beibringen, macht sie aber nur, wenn sie Lust dazu hat. Welcher Katzenbesitzer hat nicht schon

stundenlang nach seiner Katze gerufen, während diese gemütlich unter einem Busch saß und sich dachte: „Wieso rufst du, es ist hier gerade so gemütlich. Ich komme später!"

Katzen bleiben auch mal allein zu Hause, ohne dass wir uns Sorgen um sie machen müssen. Wenn wir dann aber nach Hause kommen, läuft sie uns mauzend entgegen und beschwert sich, dass wir zu lange weg waren. Leicht lässt sie sich mit einem Leckerchen trösten und entwickelt Vorlieben für ein bestimmtes Futter.

Katzen sind jedenfalls richtige Genießer!

Schöne Rassekatzen

Katzen zu pflegen und zu halten macht Spaß, sei es eine gewöhnliche Hauskatze (Europäisch Kurzhaar) oder eine besondere Rassekatze, wie z.B. die Norwegische Waldkatze, Siamkatzen, Kartäuser, Perserkatzen und viele mehr.

Hier auf den Bildern entdeckst du eine blauäugige Siamkatze. Sie sieht besonders elegant aus und macht sich jeden Tag einen Spaß daraus, uns und unseren Hund in geduckter Stellung zu verfolgen. Besonders in der Abenddämmerung huscht sie schattengleich die Straße entlang, tief auf den Boden geduckt, und saust mit schnellen Pfötchen hinter uns her. Unser Hund ist dann ganz aufgeregt und dreht sich ständig nach ihr um. Schon nach kurzer Zeit zieht unser Hund in Richtung Katze. Aber kurz bevor er sie mit seiner großen Hundenase beschnup-

pern kann, springt sie auf einen Baum und »kichert« schadenfroh von oben herunter.

Nicht weit von uns wohnt ein Perserkater. Rasputin ist ein preisgekröntes Tier mit wundervoll weichem und langem Fell. Seine Besitzer sind sehr stolz auf ihn. Rasputin darf trotzdem durch den Garten stromern. Damit sein schönes Fell nicht verfilzt, wird er täglich gekämmt und gebürstet. Trotz der vielen Bewegung neigt er zum Dickwerden. Eine Katze sollte übrigens keinesfalls mehr als acht Kilogramm wiegen. Zu dick zu sein ist eben auch für Katzen sehr ungesund.

Wichtig ist, die Katzen jährlich impfen zu

lassen und ihr Fell täglich nach Parasiten, kleinen garstigen Plagegeistern wie Zecken, Milben und Flöhen, zu untersuchen. Es gibt Medikamente, mit denen man sie vor so einem Befall schützen kann. Und ganz ehrlich: Es ist ja auch nicht schön, wenn z.B. die Flöhe von der Katze auf unser Sofa überspringen. Freilebende Katzen, auch wenn sie gefüttert werden, fangen gerne Mäuse. Dadurch bekommen sie Würmer. Eine vierteljährliche Entwurmung der Katzen ist also unerlässlich, denn Würmer machen unsere Katzen krank.

Die Europäische Wildkatze

In unseren Wäldern leben seit einigen Jahren die seltenen Wildkatzen, die lange Zeit als ausgerottet galten. Sie wurden bereits 1984 wieder eingebürgert. Dazu mussten sie zunächst gezüchtet und dann nach und nach an die Freiheit gewöhnt werden.

Wie unsere Hauskatzen stammen die

Wildkatzen von den Afrikanischen Falbkatzen ab.

Die Wildkatze ähnelt einer getigerten Hauskatze, doch ist ihre Zeichnung »verwaschener«. Das Fell ist gelblichbraun und grau, wesentlich länger als das der Hauskatze. Die Unterseite ist meist weiß. Der Kater, auch Kuder genannt, erreicht eine Kopfrumpflänge von 52 bis 65 cm und ein Gewicht von fünf bis sieben Kilogramm, die Kätzin ist mit 48 bis 57 cm etwas kleiner. Die Augen sind auffällig gelbgrün mit senkrecht stehender Pupille.

Um zu überleben, brauchen Wildkatzen geeignete Biotope. Sie bevorzugen geschützte Stellen im Wald, wo es Büsche und Felsspalten zum Verstecken gibt, sowie alte Bäume, in denen sich Höhlen gebildet haben. Außerdem brauchen sie Wasser in ihrem Gebiet. Die drei bis vier

Jungen kommen im dichten Gebüsch, wie in Reisighaufen oder im undurchdringbaren Brombeergestrüpp zur Welt. Die Kätzin scharrt als Lager eine kleine Mulde in den Boden.
Wildkatzen sind sehr menschenscheu und leben als Einzelgänger. Jedes Tier braucht ein Gebiet von ungefähr 270 Hektar Größe.

Luchse

Zu den Großkatzen zählt auch der Luchs, der wieder bei uns heimisch ist und sich zum Glück langsam in unseren Wäldern ansiedelt.

Mit seinen auffälligen Pinselohren, dem charakteristischen Backenbart und seinem kurzen Pinselschwänzchen ist er leicht zu erkennen. Das Fell des Luchses ist hellbraun und teilweise gefleckt. Je-

des Tier ist an seiner einzigartigen Fellzeichnung zu erkennen.

Ebenso wie die Wildkatze lebt er sehr heimlich und benötigt riesige Gebiete. Luchse sind deutlich größer als Wildkatzen und ernähren sich überwiegend von Rehen.

Der Karakal - ein Wüstenluchs

Zur Katzenverwandtschaft und zu den Luchsen, von denen es sechs Unterarten gibt, zählt der Karakal, der Wüstenluchs, der südlich der Sahara in Afrika und in einigen Gebieten Asiens lebt.

Karakale haben, wie unser heimischer Luchs, Pinselohren. Sein Fell ist seiner Umgebung bestens angepasst: gelblich, hellbraun, sandfarben, nicht gefleckt und nur an der Kehle weiß. Auf der Oberlippe kennzeichnet ihn ein schwarzer Fleck.

Der Karakal ist sehr scheu und wird auch in Tierparks selten zutraulich. In seiner Heimat fängt er kleine Säugetiere und Vögel. Um letztere zu erwischen, springt er mitten in einen auffliegenden Vogelschwarm hinein und schlägt gleich mehrere Tiere mit der Pranke nieder, ehe diese flüchten können. Sehr selten, nur wenn er Gelegenheit hat oder aber sehr hungrig ist, holt er sich Hühner aus den Ställen der Menschen.

Gepard und Leopard

Gepard und Leopard werden von vielen Menschen verwechselt. Sie sehe durch ihre Fellzeichnung ja auch sehr ähnlich aus.

Beide gehören zu den Großkatzen. Der Gepard gilt als das am schnellsten laufende Tier. Er erreicht eine Geschwindigkeit von bis zu 120 km/h und ist damit das schnellste Landsäugetier der Erde. Seine Pfoten sind deshalb hart und die Krallen nicht einziehbar! Mit Schwanz erreicht er eine Körperlänge von gut zwei Metern.

Geparden jagen meist zu zweit oder sogar im Rudel. Ihre Taktik ist der offene Angriff, bei dem sie ihre überragende Schnelligkeit nutzen. Ihre Nahrung bilden hauptsächlich Antilopen. Bei der Jagd trennen sie ein Tier von der Gruppe. Es hat keine Chance, ihnen zu entkommen. Oft sind es schwächere Tiere, die auf Dauer nicht mit ihrer Herde hätten mitziehen können.

Das dunkelgelbe Fell des Leoparden, gelegentlich auch Panther genannt, hat ein auffälliges schwarzes Muster, bei dem die schwarzen Flecken innen deutlich heller sind. Neben den gefleckten gibt es jedoch auch völlig schwarze Tiere.

Leoparden sind im Dschungel und vor allem in der Grassavanne Afrikas, in Kleinasien, Persien, Indien und China beheimatet, wo sie leider immer noch

von Wilderern wegen ihres kostbaren Fells gejagt werden.

Leoparden leben als Einzelgänger, wobei jedoch die Jungen, meist sind es zwei bis fünf, bis zu zwei Jahre lang in der Familie heranwachsen.

Die geschickten Jäger, die hervorragende Kletterer sind, schleppen ihre Beute in Bäume, um sie vor Fressfeinden in Sicherheit zu bringen. Zur Lieblingsbeute der Leoparden zählen Affen, die sie tatsächlich auch im Geäst eines Baumes fangen können.

Da der Leopard weniger scheu ist als andere Raubkatzen, dringt er gelegentlich auch in menschliche Siedlungen ein und erbeutet dort Haustiere, wie Hunde, Katzen, Schafe, Ziegen, Esel und Geflügel.

Löwen und Tiger

Der »König der Tiere« bleibt für uns
Menschen der Löwe.
Majestätisch und elegant, kraftvoll und
geschickt, mit einer Schulterhöhe bis zu
einem Meter und einer Körperlänge bis
fast zwei Meter ist er einzigartig.
Löwen sind die einzigen Katzen, die in
Rudeln leben. Meist sind es einige Weib-
chen mit ihren Jungen, die von einem
ausgewachsenen Männchen beherrscht
und beschützt werden.
Löwen jagen sowohl einzeln nach Kat-
zenart als auch im Rudel nach Zebras
und Antilopen. Ihr nächtliches Brüllen
vor der Jagd versetzt jeden in Angst und
Schrecken, dient aber hauptsächlich
dazu, das Rudel zusammenzuhalten.

Die Königstiger leben in Asien und gelten als die schönsten Raubtiere der Welt. Leider sind sie durch die Rodungen ihrer Lebensräume inzwischen vom Aussterben bedroht und es gibt nur noch ungefähr 6.000 bis 9.000 von den ehemals 50.000 Tieren, die allein in Indien gezählt wurden.

Im Gegensatz zu den in Afrikas Savannen und Wüsten lebenden anderen Katzenverwandten leben die Tiger im Dschungel.

Ihr gelbrotes Fell mit den auffälligen schwarzen Streifen verleiht ihnen im Dickicht die perfekte Tarnung. Zu ihrer Beute gehören Wildschweine, Rinder und Hirsche, Fische, Schildkröten, Eidechsen sowie kleine Säugetiere.

Tiger jagen, wie ihre kleineren Katzenverwandten, am liebsten nachts und schleichen sich lautlos an ihre Opfer an. Immer versuchen sie, in Deckung zu bleiben. Bei der Vermehrung von Tigern kommen auch manchmal weiße oder graugelbe Tiger zur Welt. Während sie im Zirkus eine große Attraktion sind, haben sie es in der Natur wegen ihrer fehlenden Tarnung sehr schwer.

Unsere weiteren Fotosachbücher: brillant, informativ,

ISBN: 978-3-930038-11-4

ISBN: 978-3-930038-13-8

ISBN: 978-3-930038-24-4

ISBN: 978-3-930038-17-6

ISBN: 978-3-930038-15-2

ISBN: 978-3-930038-04-6

ISBN: 978-3-930038-14-5

ISBN: 978-3-930038-07-7

ISBN: 978-3-930038-16-9

ISBN: 978-3-930038-29-9

ISBN: 978-3-930038-25-1

ISBN: 978-3-930038-27-5

In Ihrer Buchhandlung oder Verlag Heiderose Fischer-Nagel, Brunnenstraße 7, D-34286 Spangenberg-